eBook ISBN 978-3-949996-60-3
Paperback ISBN 978-3-949996-61-0

Illustration & Buchsatz & Cover Design - Angela Zigann
www.gocrazyhappy.com

MATTEO UND SEIN TÖPFCHEN

TEIL DER TÖPFCHENTRAINING SERIE

von Angela Zigann

GoCrazyHappyBooks

Matteo liebt es, mit seinem Freund Henry

im Sandkasten zu spielen.

Eines Tages, als Henry zum Spielen kommt,

fällt Matteo auf, dass etwas anders ist als sonst.

Henry trägt gar keine Windeln mehr!

Matteo ist erstaunt und beobacht Henry immer
wieder. Er kann sich viel einfacher bewegen
und ist stolz und glücklich.

Ein paar Tage später, kommt Matteos Papa mit einer

großen Kiste vom Einkaufen nach Hause.

Als Matteo genauer hinsieht, wird er ganz aufgeregt.

Er hat jetzt sein eigenes Töpfchen.

Es ist grün und seine Mama erklärt ihm,

dass es Musik macht, wenn Matteo es benutzt.

Matteo hat das mit dem Töpfchen noch nie ausprobiert,

aber seine Mama sagt:

"Es ist okay wenn du aufgeregt bist,

wir machen das zusammen!"

Matteo freut sich, bald ein großer Junge zu sein,
und dann richtige Unterwäsche zu tragen, wie Henry.
Die Windeln findet Matteo inzwischen richtig blöd
und will jetzt lernen, wie man das mit dem Töpfchen macht.

Zusammen mit Mama übt Matteo,

wie man das Töpfchen benutzt.

"Du machst das so toll!", freut sich Mama.

Am Anfang ist es noch schwer,

aber Matteo versucht es immer wieder.

Nach ein paar Tagen Übung, schafft Matteo es endlich!

Er hat ins Töpfchen gemacht.

Mama ist stolz - und Matteo noch mehr.

"Gut gemacht, Matteo!" freute sich Mama.

Gemeinsam werfen sie die restlichen Windeln in den Müll,
denn die, werden jetzt nicht mehr gebraucht.

WINDELN

Nach dem Mittagsschlaf, wartet eine Überraschung auf

Matteo. Er freut sich sehr und spielt glücklich

mit seinem neuen Spielzeug.

Matteo ist stolz, dass er sein Töpfchen erobert hat.

Er ist ein großer Junge und freut sich schon

auf all die Abenteuer, die er als nächstes erleben kann.

LIEBE ELTERN

Ich hoffe sehr, dass "**Matteo und sein Töpfchen**" dein Kind
auf dem Weg aus der Windel hin zum Töpfchen unterstützt
und anregt, neue Dinge zu entdecken.

Unsere Kinder lernen am Model, um die Sicherheit
und Motivation zu erlangen, neue Fähigkeiten zu erlernen.
Dabei möchte Matteo helfen.

Als kleines Dankeschön habe ich für dich und dein Kind
einen **Ressourcen Download** zusammengestellt.
Mit dabei sind ein paar **Malbuchseiten** von Matteo als Beschäftigung für die
Trainingstage.

Auch noch dabei sind die Ressourcen aus dem Begleitratgeber für Eltern '**Das
Töpfchentraining Buch**'. Hier findest du verschiedene **TrainingsCharts**, **Sticker** zum
Ausdrucken, eine **Checkliste** für die Vorbereitung auf das Töpfchentraining.

Hier kannst du dir alles Downloaden
https://www.gocrazyhappy.com/RessourcenTTB
und dich für meinen Mami-Newsletter anmelden.

Ganz liebe Grüße an dich
und deinen kleinen Helden!

ÜBER DIE AUTORIN

Eigentlich bin ich in einer Bibliothek groß geworden, da meine Mama Bibliothekarin war. Also saß ich zwischen den Regalen und habe mir die Bücher angeschaut und kaum etwas davon verstanden. Mein Lieblingsbuch war eine große Sammlung von Wilhelm Busch Geschichten, denn da waren viele bunte Bilder drin.

Ich bin Mama, Ehefrau und Pädagoge.
Da meine Kinder eine Geschichte nach der Anderen eingefordert haben, schicke ich sie nun raus in die Welt (die Geschichten, nicht die Kinder!), und freue mich, wenn sie euren Kindern auch gefallen. Nebenbei probiere ich auch euch als Eltern weiterzuhelfen.

Meine Kindergeschichten kommen oft aus dem echten Leben. Ich verpacke sie in kleine Abenteuer, tauche sie in Feenstaub und rette sie vor Dinosaurierklauen, um sie zu euch und euren Lieben zu bringen.

Wenn ihr Fragen oder Vorschläge habt,
freue ich mich über jede Nachricht an news@gocrazyhappy.com.

Ihr findet mich auf:
Instagram: @angelazigannauthor
und auf **Goodreads** & **BookBub**.

DIE TÖPFCHENTRAINING SERIE

Das Töpfchentraining Buch

ist das **Partnerbuch** für Eltern. Eine einfache, kurze und fröhliche Schritt-für-Schritt Anleitung für den Weg deines Kindes aus der Windel auf's Töpfchen. **Vorbereitung - Training - Nachbereitung.**

Clara und ihr Töpfchen,

Clara lernt, wie man das Töpfchen benutzt und begleitet dein Kind, ganz genau wie Matteo, durch diesen spannenden Prozess.

Matteo und sein Töpfchen,

Matteo lernt, wie man das Töpfchen benutzt und begleitet dein Kind, ganz genau wie Clara, durch diesen spannenden Prozess.

Das Malbuch zur Serie,

Damit es beim Töpfchentraining nicht langweilig wird, findet dein Kind all seine Lieblingsfiguren aus den Kinderbüchern in diesem kleinen Malbuch wieder,

Diese, und alle weiteren Bücher und Infos, findest du unter:
www.GoCrazyHappy.com

EIN KLEINER GEFALLEN

Ich bin stolz und dankbar, dass Matteo in das Kinderzimmer deines Kindes einziehen durfte. Ich hoffe sehr, dass ihr ihn mögt und er deinen kleinen Engel unterstützen kann.

Wenn du einen kleinen Moment hast, bin ich dir zutiefst dankbar, wenn du mir eine Bewertung in dem Store hinterläßt, in dem du das Buch gekauft hast. Damit unterstützt du nicht nur mich dabei, neue Bücher zu schreiben, sondern auch andere Eltern auf der Suche nach einem Buch für ihr Kind.

 Ganz lieben Dank!

Impressum: GoCrazyHappyBooks, vertreten durch:
Angela Zigann | Mörchinger Str. 123d | 14169 Berlin| Germany
www.GoCrazyHappy.com